60 Ejercicios para aprender NumPy.

Introducción:

El procesamiento de datos y el cálculo numérico son piedras angulares en la ciencia de datos, la ingeniería y diversas disciplinas científicas. NumPy, una potente librería de Python, ha revolucionado la forma en que se manejan los arreglos numéricos y las operaciones matemáticas.

Con su capacidad para trabajar con arreglos multidimensionales y realizar cálculos eficientes, NumPy se ha convertido en un componente esencial en el ecosistema de Python para la computación científica.

Este libro está diseñado como una guía práctica para aquellos que buscan mejorar sus habilidades en NumPy.

Ofrece una colección de 60 ejercicios graduales que abarcan desde conceptos básicos hasta técnicas más avanzadas. Cada ejercicio está diseñado para proporcionar una comprensión profunda de las capacidades de NumPy a través de situaciones prácticas y desafiantes.

Índice

Capítulo 1: Introducción a NumPy.

¿Qué es NumPy?

NumPy, abreviatura de "Numerical Python", es una librería fundamental en Python diseñada para realizar operaciones matemáticas y numéricas de manera eficiente. Su principal componente es el objeto array, el cual permite almacenar datos de manera homogénea y realizar operaciones vectorizadas sobre estos datos. NumPy es esencial en campos como la ciencia de datos, la ingeniería, la física, entre otros, debido a su capacidad para manejar grandes conjuntos de datos numéricos de manera eficiente.

Historia y Contexto

NumPy se originó a principios de los años 2000 como un proyecto para proporcionar capacidades de cálculo numérico eficientes en Python. Surgió como una respuesta a las limitaciones de las listas estándar de Python en términos de rendimiento en operaciones numéricas y manipulación de grandes cantidades de datos. A lo largo de los años, NumPy ha evolucionado y se ha convertido en un pilar esencial del ecosistema de Python para computación científica y numérica.

Ventajas de NumPy

La principal ventaja de NumPy radica en su capacidad para trabajar con arrays multidimensionales y realizar operaciones sobre estos arrays de manera eficiente. A diferencia de las listas de Python, los arrays NumPy están optimizados para operaciones numéricas y permiten el uso de funciones vectorizadas que mejoran significativamente el rendimiento. Además, NumPy ofrece una amplia gama de funciones matemáticas y herramientas para trabajar con estos arrays, lo que lo hace ideal para el análisis de datos y la computación científica.

Estructuras de Datos en NumPy

En NumPy, el objeto fundamental es el array, que es una estructura de datos que almacena elementos del mismo tipo en una cuadrícula multidimensional. Estos arrays pueden ser de una dimensión (vectores), dos dimensiones (matrices) o de mayor dimensionalidad. Los arrays NumPy permiten realizar operaciones matemáticas y lógicas eficientemente en conjuntos de datos, lo que los hace indispensables para aplicaciones numéricas y científicas.

Instalación y Configuración

NumPy se puede instalar fácilmente utilizando herramientas como pip o conda. Para instalar NumPy con pip, se puede ejecutar el comando `pip install numpy`. Para entornos más complejos, como entornos virtuales o administradores de paquetes como conda, hay opciones específicas para instalar NumPy de manera que se ajuste a las necesidades del proyecto.

Primeros Pasos

Crear un array NumPy es sencillo. Se puede comenzar creando un array a partir de una lista de Python usando `numpy.array(lista)`. Una vez creado, se pueden realizar operaciones básicas como suma, resta, multiplicación y división de manera eficiente, ya que NumPy implementa estas operaciones de manera optimizada para arrays.

Indexación y Slicing

Los arrays NumPy admiten técnicas avanzadas de indexación y slicing que permiten acceder a elementos individuales o secciones específicas de un array. Esta capacidad es fundamental para manipular y trabajar con arrays multidimensionales de manera efectiva, permitiendo seleccionar y modificar elementos de forma eficiente.

Funciones y Métodos Básicos

NumPy ofrece una amplia gama de funciones y métodos para realizar operaciones matemáticas y estadísticas en arrays. Desde funciones simples como `np.sum()` para sumar elementos hasta `np.reshape()` para cambiar la forma de un array, estas funciones son herramientas poderosas para manipular y analizar datos de manera eficiente.

Vectorización y Eficiencia

La vectorización es una técnica clave en NumPy que permite aplicar operaciones a un array completo sin la necesidad de utilizar bucles explícitos. Esta técnica mejora significativamente la eficiencia de los cálculos al utilizar las capacidades intrínsecas de NumPy para trabajar con arrays de datos.

Ejemplos de Aplicación

Para comprender mejor NumPy, se pueden explorar ejemplos prácticos, como cálculos matemáticos simples, manipulación de datos, generación de secuencias numéricas, entre otros. Estos ejemplos ayudan a los usuarios a entender cómo NumPy puede ser aplicado en situaciones reales y cómo puede facilitar operaciones numéricas complejas de manera sencilla y eficiente.

Manipulación de Arrays en NumPy

La manipulación de arrays es una parte fundamental de NumPy, permitiendo una flexibilidad excepcional para reorganizar, transformar y operar en los datos de manera eficiente.

1. Cambio de Forma (Reshape)

NumPy ofrece la capacidad de cambiar la forma de un array sin alterar sus datos subyacentes. La función `numpy.reshape()` permite reorganizar un array en una nueva forma especificada, manteniendo el mismo número total de elementos. Esto es útil para adaptar datos a diferentes formas necesarias para ciertos cálculos o aplicaciones.

```python
import numpy as np

arr = np.arange(12) # Crear un array de 0 a 11
reshaped_arr = arr.reshape(3, 4) # Redimensionar a una matriz 3x4

print(reshaped_arr)
```

2. Aplanamiento de Arrays (Flatten y Ravel)

Para convertir arrays multidimensionales en unidimensionales, NumPy ofrece dos funciones: `flatten()` y `ravel()`. Ambas operaciones producen un nuevo array unidimensional, pero `flatten()` devuelve una copia mientras que `ravel()` devuelve una vista del array original si es posible, lo que puede ahorrar memoria y tiempo de ejecución.

```python
flattened_arr = reshaped_arr.flatten() # Aplanar el
array
raveled_arr = reshaped_arr.ravel() # Aplanar el
array manteniendo la vista original si es posible

print(flattened_arr)
print(raveled_arr)
```

3. *Concatenación de Arrays*

NumPy permite unir arrays a lo largo de diferentes ejes mediante la función `numpy.concatenate()`. Esto es útil para combinar arrays en una dimensión específica o para crear nuevos arrays a partir de arrays existentes.

```python
arr1 = np.array([[1, 2], [3, 4]])
arr2 = np.array([[5, 6]])

concatenated_arr = np.concatenate((arr1, arr2),
axis=0) # Concatenar a lo largo del eje 0


print(concatenated_arr)
```

4. *División de Arrays*

La función `numpy.split()` permite dividir un array en múltiples sub-arrays a lo largo de un eje especificado. Esto es útil para separar grandes conjuntos de datos en secciones manejables.

```python
arr = np.arange(9)
split_arr = np.split(arr, 3) # Dividir el array en 3
sub-arrays
```

```
print(split_arr)
```

Estas operaciones son solo el comienzo de las numerosas formas en que NumPy permite manipular arrays para adaptarse a las necesidades específicas de cada aplicación, facilitando la transformación y reorganización de datos de manera eficiente y precisa.

Operaciones Matemáticas en NumPy

NumPy proporciona una amplia gama de funciones y operadores para realizar cálculos matemáticos y estadísticos en arrays, lo que permite realizar operaciones de manera rápida y eficiente.

1. Operaciones Aritméticas Básicas

Los operadores aritméticos estándar de Python se extienden a los arrays NumPy, lo que permite realizar operaciones elemento por elemento de forma sencilla.

```python
import numpy as np

arr1 = np.array([1, 2, 3])
arr2 = np.array([4, 5, 6])

# Suma, resta, multiplicación y división de arrays
sum_arr = arr1 + arr2
diff_arr = arr1 - arr2
mult_arr = arr1 * arr2
div_arr = arr2 / arr1

print(sum_arr)
print(diff_arr)
print(mult_arr)
print(div_arr)
```

2. *Funciones Universales (ufuncs)*

NumPy proporciona funciones universales (ufuncs) que operan de
manera eficiente en todos los elementos de un array sin necesidad
de bucles. Estas funciones incluyen operaciones matemáticas
comunes como `np.sin()`, `np.cos()`, `np.exp()`, `np.log()`,
entre otras.

```
arr = np.array([0, np.pi/2, np.pi])

sin_arr = np.sin(arr)
cos_arr = np.cos(arr)
exp_arr = np.exp(arr)
log_arr = np.log(arr + 1) # Evitar log(0) que
resultaría en -inf

print(sin_arr)
print(cos_arr)
print(exp_arr)
print(log_arr)
```

3. *Operaciones de Álgebra Lineal*

NumPy ofrece un conjunto completo de funciones para realizar operaciones de álgebra lineal, como la multiplicación de matrices, el cálculo de determinantes, inversas y descomposiciones.

```python
matrix1 = np.array([[1, 2], [3, 4]])
matrix2 = np.array([[5, 6], [7, 8]])

# Multiplicación de matrices
mat_mult = np.dot(matrix1, matrix2)

print(mat_mult)
```

Estas operaciones matemáticas son solo un vistazo a las capacidades de NumPy para realizar cálculos numéricos y manipulaciones matemáticas complejas en arrays de manera eficiente, lo que lo convierte en una herramienta poderosa para el análisis de datos y la computación científica.

Indexación Avanzada y Slicing en NumPy

NumPy ofrece capacidades avanzadas de indexación y slicing que permiten acceder a elementos específicos o a secciones de un array de forma eficiente.

1. Slicing Básico

El slicing en NumPy es similar al de las listas estándar de Python, pero con capacidades adicionales para trabajar en múltiples dimensiones.

```python
import numpy as np

arr = np.array([[1, 2, 3], [4, 5, 6], [7, 8, 9]])

# Acceder a una fila específica
row_1 = arr[1] # Obtener la segunda fila (índice 1)

# Acceder a un elemento específico
element = arr[1, 2] # Obtener el elemento en la
segunda fila y tercera columna

# Slicing para obtener subarrays
sub_arr = arr[:2, 1:] # Obtener las dos primeras
filas y las columnas desde la segunda en adelante

print(row_1)
print(element)
print(sub_arr)
```

2. *Indexación Booleana*

Permite seleccionar elementos de un array basados en
condiciones booleanas, lo que es útil para filtrar datos.

```python
# Crear un array booleano basado en una condición
bool_index = arr > 5 # Obtener un array booleano con
valores True donde arr > 5

# Usar el array booleano para filtrar elementos
filtered_arr = arr[bool_index]

print(bool_index)
print(filtered_arr)
```

3. Indexación Fancy

La indexación fancy permite acceder a elementos o grupos de
elementos utilizando listas o arrays de índices.

```python
# Indexación fancy con listas de índices
indices = [0, 2]
fancy_indexing = arr[:, indices] # Obtener todas las
filas para las columnas 0 y 2

print(fancy_indexing)
```

Estas técnicas de indexación avanzada y slicing en NumPy son
fundamentales para trabajar con grandes conjuntos de datos y
manipular arrays multidimensionales de manera eficiente y
precisa. Permiten una flexibilidad considerable para seleccionar y
manipular datos según las necesidades específicas del análisis o
la aplicación.

Broadcasting en NumPy

El broadcasting es una técnica en NumPy que permite realizar operaciones entre arrays de diferentes formas de manera automática y eficiente, extendiendo automáticamente los arrays más pequeños para que tengan dimensiones compatibles con los arrays más grandes.

1. Reglas de Broadcasting

NumPy sigue reglas específicas para realizar broadcasting:

- Si los arrays tienen diferentes números de dimensiones, NumPy agrega dimensiones al principio del array más pequeño hasta que ambos tengan la misma cantidad de dimensiones.
- Las dimensiones de tamaño 1 en un array se pueden estirar o replicar para que coincidan con las dimensiones del otro array.

2. Ejemplo de Broadcasting

```python
import numpy as np

# Crear un array de 4x3
arr1 = np.array([[1, 2, 3], [4, 5, 6], [7, 8, 9],
[10, 11, 12]])


# Crear un array de 1x3
```

```python
arr2 = np.array([0, 1, 2])

# Sumar arr2 a cada fila de arr1 usando broadcasting
result = arr1 + arr2

print(result)
```

En este ejemplo, `arr1` tiene forma (4, 3) y `arr2` tiene forma (3), pero gracias al broadcasting, NumPy es capaz de sumar `arr2` a cada fila de `arr1` automáticamente.

3. Casos de Uso

El broadcasting es útil en operaciones matriciales, operaciones de álgebra lineal y cualquier operación donde sea necesario realizar operaciones entre arrays de diferentes formas sin necesidad de crear copias de datos.

4. Consideraciones

Si bien el broadcasting es una herramienta poderosa, es importante comprender las reglas y cómo afectan los cálculos. Un uso incorrecto puede llevar a resultados inesperados o errores.

El broadcasting en NumPy simplifica en gran medida las operaciones entre arrays, permitiendo realizar cálculos de manera más concisa y legible sin la necesidad de expandir manualmente las dimensiones de los arrays, lo que facilita el trabajo con datos de diferentes formas y tamaños.

Optimización y Rendimiento en NumPy

La optimización del rendimiento en NumPy es fundamental para mejorar la eficiencia en el manejo de grandes cantidades de datos. Algunas estrategias y consideraciones clave incluyen:

1. Vectorización de Operaciones

NumPy está optimizado para realizar operaciones en arrays completos de manera eficiente. Evitar bucles explícitos y utilizar operaciones vectorizadas puede mejorar significativamente el rendimiento.

```python
# Ejemplo de operación vectorizada en lugar de
bucles
arr = np.arange(1000000)
result = arr * 2 # Operación en todo el array en
lugar de usar un bucle
```

2. Uso de Vistas en lugar de Copias

Cuando sea posible, utilizar vistas (`views`) en lugar de crear copias de arrays puede ahorrar tiempo y memoria. Las vistas comparten los mismos datos subyacentes, lo que evita la necesidad de copiar los datos.

```python
arr = np.arange(10)
```

```python
view = arr[:5] # Crear una vista en lugar de una
copia de los primeros 5 elementos

# Modificar la vista modificará también el array
original
view[0] = 100
print(arr) # Se verá afectado por el cambio en la
vista
```

3. Usar Funciones Optimizadas de NumPy

NumPy proporciona funciones optimizadas para cálculos matemáticos y operaciones numéricas. Utilizar estas funciones en lugar de implementaciones personalizadas puede mejorar el rendimiento.

```python
# Ejemplo de uso de función optimizada en lugar de
implementación propia
arr = np.random.rand(100000)
sum_arr = np.sum(arr) # Uso de la función optimizada
np.sum() en lugar de sumar elementos manualmente
```

4. Utilización de Tipos de Datos Eficientes

Elegir el tipo de datos apropiado puede mejorar el rendimiento y ahorrar memoria. NumPy proporciona una variedad de tipos de datos, cada uno con diferentes capacidades de almacenamiento y rendimiento.

```python
# Especificar el tipo de datos al crear arrays
arr = np.array([1, 2, 3], dtype=np.float32) # Uso de float32
en lugar de float64 para reducir el uso de memoria
```

La optimización del rendimiento en NumPy se centra en minimizar
la sobrecarga computacional y la utilización de memoria, lo que
permite manejar eficientemente grandes volúmenes de datos y
realizar cálculos de manera más rápida y efectiva.

Capítulo 2: Uso y Aplicaciones de NumPy

1. Ciencia de Datos y Análisis Numérico

NumPy es fundamental en la ciencia de datos para el procesamiento, análisis y manipulación de datos. Se utiliza ampliamente en bibliotecas como pandas para trabajar con estructuras de datos, en matplotlib y seaborn para visualización y en scikit-learn para el aprendizaje automático.

```
import numpy as np
import pandas as pd

data = {'A': np.random.rand(100),
  'B': np.random.randint(0, 100, 100)}

df = pd.DataFrame(data)
mean_a = np.mean(df['A']) # Calcular la media de una
columna usando NumPy
```

2. Procesamiento de Imágenes y Señales

En aplicaciones de procesamiento de imágenes y señales, NumPy permite realizar operaciones complejas en matrices que representan imágenes o señales.

```python
# Ejemplo: Procesamiento de imágenes con NumPy
import numpy as np
import matplotlib.pyplot as plt
from PIL import Image


# Cargar una imagen y convertirla a un array NumPy
img = Image.open('imagen.jpg')
img_arr = np.array(img)

# Aplicar una operación (por ejemplo, convertir a
escala de grises)
gray_img = np.mean(img_arr, axis=2)

# Mostrar la imagen procesada
plt.imshow(gray_img, cmap='gray')
plt.axis('off')
plt.show()
```

3. Simulaciones Físicas y Modelado Matemático

En campos como la física y la ingeniería, NumPy se utiliza para simular sistemas físicos, resolver ecuaciones diferenciales y realizar modelado matemático.

```python
import numpy as np
import matplotlib.pyplot as plt

# Simulación de un sistema dinámico simple
t = np.linspace(0, 10, 1000)
x = np.sin(t) + np.random.normal(0, 0.1, 1000)

# Graficar la simulación
plt.plot(t, x)
```

```python
plt.xlabel('Tiempo')
plt.ylabel('Amplitud')
plt.title('Simulación de Sistema Dinámico')
plt.show()
```

Estos ejemplos ilustran solo algunas de las muchas aplicaciones de NumPy en diversas disciplinas. La capacidad de NumPy para manejar eficientemente grandes conjuntos de datos y realizar cálculos numéricos complejos lo convierte en una herramienta invaluable en numerosos campos científicos y técnicos.

Integración de NumPy con otras Librerias

La integración de NumPy con otras librerías es una de sus
fortalezas, ya que se puede combinar fácilmente con diferentes
herramientas para ampliar su funcionalidad y utilidad en diversos
campos. Aquí tienes algunos ejemplos de la integración de
NumPy con otras librerías populares:

1. Integración con pandas

NumPy y pandas están estrechamente vinculados en el ámbito de
la ciencia de datos. pandas se basa en gran medida en NumPy
para la manipulación y el análisis de datos. Los DataFrames de
pandas se construyen sobre los arrays de NumPy, lo que permite
una integración fluida entre ambas librerías.

```python
# Ejemplo: Integración de NumPy y pandas
import numpy as np
import pandas as pd

# Crear un DataFrame de pandas a partir de un array
de NumPy
data = np.random.randn(5, 3)
df = pd.DataFrame(data, columns=['A', 'B', 'C'])


# Realizar operaciones estadísticas con NumPy en un
DataFrame de pandas
mean_A = np.mean(df['A'])
```

2. *Integración con Matplotlib*

Matplotlib es una librería de visualización en Python que también
se integra muy bien con NumPy. Las operaciones con arrays de
NumPy se pueden visualizar fácilmente utilizando las funciones
de trazado de Matplotlib.

```python
import numpy as np
import matplotlib.pyplot as plt

# Crear datos utilizando NumPy
x = np.linspace(0, 10, 100)
y = np.sin(x)

# Graficar utilizando Matplotlib
plt.plot(x, y)
plt.xlabel('X')
plt.ylabel('Y')
plt.title('Gráfico de una función sinusoidal')
plt.show()
```

3. *Integración con SciPy*

SciPy se basa en gran medida en NumPy y amplía su funcionalidad al proporcionar funciones especializadas para tareas científicas y matemáticas más avanzadas, como optimización, álgebra lineal, estadísticas, entre otros.

```python
# Ejemplo: Integración de NumPy y SciPy
import numpy as np
from scipy.optimize import minimize

# Función a minimizar
def func(x):
  return x**2 + 10*np.sin(x)

# Minimizar la función utilizando SciPy y NumPy
x0 = np.array([1.0])
result = minimize(func, x0)

print("Valor mínimo:", result.x)
```

Estos ejemplos muestran cómo NumPy se integra fácilmente con otras librerías en el ecosistema de Python, lo que permite aprovechar las capacidades específicas de cada librería para realizar tareas especializadas en análisis de datos, visualización, computación científica y más.

Capítulo 3: Ejercicios Utilizando NumPy

Ejercicio 1: Cálculos Estadísticos Básicos

Genera un array NumPy con datos ficticios representando las edades de un grupo de personas. Luego, realiza los siguientes cálculos estadísticos básicos:

- Calcula la media de las edades.
- Encuentra la mediana de las edades.
- Calcula la desviación estándar de las edades.
- Calcula la varianza de las edades.

```python
import numpy as np

# Generar datos ficticios (edades)
edades = np.array([25, 30, 35, 40, 45, 50, 55, 60,
65, 70])

# Realizar cálculos estadísticos básicos
media_edades = np.mean(edades)
mediana_edades = np.median(edades)
desviacion_edades = np.std(edades)
varianza_edades = np.var(edades)

# Mostrar resultados
print("Media:", media_edades)
print("Mediana:", mediana_edades)
print("Desviación Estándar:", desviacion_edades)
print("Varianza:", varianza_edades)
```

Ejercicio 2: Análisis de Datos Financieros

Crea un array NumPy que represente los rendimientos diarios de
una acción en el mercado financiero. Luego, realiza los siguientes
cálculos estadísticos básicos:

- Calcula el rendimiento promedio diario.
- Encuentra la desviación estándar de los rendimientos
  diarios.
- Calcula la varianza de los rendimientos diarios.

```python
import numpy as np

# Generar datos ficticios (rendimientos diarios de
una acción)
rendimientos_diarios = np.random.normal(0.001, 0.01,
252) # 252 días de operación

# Realizar cálculos estadísticos básicos
rendimiento_promedio = np.mean(rendimientos_diarios)
desviacion_rendimientos =
np.std(rendimientos_diarios)
varianza_rendimientos = np.var(rendimientos_diarios)

# Mostrar resultados
print("Rendimiento Promedio Diario:",
rendimiento_promedio)
print("Desviación Estándar de Rendimientos
Diarios:", desviacion_rendimientos)
print("Varianza de Rendimientos Diarios:",
varianza_rendimientos)
```

Estos ejercicios te permitirán practicar la realización de cálculos estadísticos básicos con NumPy utilizando datos ficticios. Puedes adaptar los ejercicios y experimentar con diferentes conjuntos de datos para explorar más sobre el manejo de estadísticas con NumPy.

Ejercicio 3: Manipulación de Datos con NumPy

Supongamos que tenemos un conjunto de datos que representan
las ventas mensuales de diferentes productos en una tienda
durante un año. Queremos realizar algunas manipulaciones de
datos utilizando NumPy:

- Crea un array NumPy que represente las ventas mensuales
  de cuatro productos (A, B, C y D) durante 12 meses.
- Encuentra el total de ventas de cada producto durante todo
  el año.
- Calcula el promedio de ventas mensuales para cada
  producto.
- Encuentra el mes con el mayor número de ventas para cada
  producto.

```
import numpy as np

# Datos ficticios de ventas mensuales (en miles de
unidades)
ventas_mensuales = np.array([
  [120, 130, 110, 140, 150, 160, 180, 170, 190, 200,
210, 220], # Producto A
  [90, 100, 80, 110, 120, 130, 140, 150, 160, 170,
180, 190], # Producto B
  [80, 85, 75, 90, 100, 110, 120, 130, 140, 150, 160,
170], # Producto C
  [100, 110, 95, 120, 130, 140, 150, 160, 170, 180,
190, 200] # Producto D
])

# Total de ventas de cada producto durante todo el
año
```

```python
total_ventas = np.sum(ventas_mensuales, axis=1)


# Promedio de ventas mensuales para cada producto
promedio_ventas = np.mean(ventas_mensuales, axis=1)

# Mes con el mayor número de ventas para cada
producto
mes_max_ventas = np.argmax(ventas_mensuales, axis=1)
+ 1 # Agregar 1 para obtener el número de mes (0-11
-> 1-12)

# Mostrar resultados
print("Total de Ventas por Producto:", total_ventas)
print("Promedio de Ventas Mensuales por Producto:",
promedio_ventas)
print("Mes con Mayor Número de Ventas por
Producto:", mes_max_ventas)
```

Este ejercicio te permite practicar la manipulación de datos
utilizando NumPy, desde la creación de arrays hasta la realización
de cálculos estadísticos simples sobre los datos. Puedes ajustar
los datos de ventas y realizar más análisis según sea necesario
para explorar más funcionalidades de NumPy en la manipulación
de datos.

Ejercicio 4: Manipulación de Datos con NumPy

Supongamos que tenemos un conjunto de datos de calificaciones
de estudiantes en diferentes materias a lo largo de un semestre.
Queremos realizar algunas manipulaciones de datos utilizando
NumPy:

- Crea una matriz NumPy que represente las calificaciones
  de 5 estudiantes en 4 materias (Matemáticas, Ciencias,
  Historia y Literatura).
- Encuentra la calificación más alta y más baja de cada
  materia.
- Calcula el promedio de calificaciones por estudiante en
  todas las materias.
- Encuentra el estudiante con la mejor calificación promedio.

```python
import numpy as np



# Calificaciones de estudiantes en 4 materias (fila
= estudiante, columna = materia)

calificaciones = np.array([

 [85, 90, 92, 88], # Estudiante 1

 [78, 85, 90, 85], # Estudiante 2

 [90, 92, 88, 95], # Estudiante 3
```

```python
    [82, 80, 85, 88], # Estudiante 4

    [88, 85, 90, 92] # Estudiante 5

])

# Calificación más alta y más baja de cada materia
calificacion_maxima_por_materia = np.max(calificaciones, axis=0)

calificacion_minima_por_materia = np.min(calificaciones, axis=0)


# Promedio de calificaciones por estudiante en todas
las materias

promedio_por_estudiante = np.mean(calificaciones, axis=1)


# Estudiante con la mejor calificación promedio

mejor_estudiante = np.argmax(promedio_por_estudiante) + 1 # Agregar 1 para obtener el número de estudiante (0-4 -> 1-5)
```

```python
# Mostrar resultados

print("Calificación Más Alta por Materia:",
calificacion_maxima_por_materia)

print("Calificación Más Baja por Materia:",
calificacion_minima_por_materia)

print("Promedio de Calificaciones por Estudiante:",
promedio_por_estudiante)

print("Mejor Estudiante (Número):",
mejor_estudiante)
```

Este ejercicio te permite practicar la manipulación de matrices de datos utilizando NumPy para realizar cálculos y obtener estadísticas básicas. Puedes modificar las calificaciones y explorar más funcionalidades de NumPy para el análisis de datos según sea necesario.

Ejercicio 5: Gráfico de Líneas

Genera datos de dos series temporales ficticias utilizando NumPy
y crea un gráfico de líneas utilizando Matplotlib para visualizar
estas series en función del tiempo.

```python
import numpy as np

import matplotlib.pyplot as plt


# Generar datos ficticios de dos series temporales

tiempo = np.arange(0, 10, 0.1)

serie1 = np.sin(tiempo)

serie2 = np.cos(tiempo)


# Graficar las series temporales

plt.figure(figsize=(8, 6))

plt.plot(tiempo, serie1, label='Serie 1: Sin')

plt.plot(tiempo, serie2, label='Serie 2: Cos')
```

```python
plt.xlabel('Tiempo')

plt.ylabel('Valor')

plt.title('Gráfico de Líneas de Series Temporales
Ficticias')

plt.legend()

plt.grid(True)

plt.show()
```

Ejercicio 6: Diagrama de Barras

Genera datos de ventas mensuales ficticias para diferentes
productos utilizando NumPy y crea un diagrama de barras
utilizando Matplotlib para visualizar las ventas mensuales de
estos productos.

```python
import numpy as np

import matplotlib.pyplot as plt


# Generar datos ficticios de ventas mensuales de
diferentes productos

productos = ['Producto A', 'Producto B', 'Producto
C', 'Producto D']

ventas_mensuales = np.random.randint(50, 200,
size=(len(productos), 12)) # Ventas para 12 meses


# Graficar las ventas mensuales de productos con un
diagrama de barras

plt.figure(figsize=(10, 6))

for i in range(len(productos)):
```

```python
    plt.bar(np.arange(1, 13), ventas_mensuales[i],
label=productos[i])

plt.xlabel('Mes')

plt.ylabel('Ventas')

plt.title('Ventas Mensuales de Productos')

plt.legend()

plt.xticks(np.arange(1, 13), [f'Mes {i}' for i in
range(1, 13)])

plt.grid(axis='y')

plt.show()
```

Estos ejercicios te permiten practicar la visualización de datos
utilizando Matplotlib junto con NumPy para generar datos ficticios.
Puedes ajustar los datos y personalizar los gráficos según sea
necesario para explorar más funcionalidades de visualización de
datos con Matplotlib.

Ejercicio 7: Resolución de Ecuaciones Lineales

Supongamos que tenemos un sistema de ecuaciones lineales:

$$2x + 3y = 10$$
$$x - y = -1$$

Utiliza NumPy para resolver este sistema de ecuaciones lineales y encuentra los valores de

x e y.

```python
import numpy as np


# Coeficientes de las ecuaciones

coeficientes = np.array([[2, 3], [1, -1]])

resultados = np.array([10, -1])


# Resolver el sistema de ecuaciones lineales
```

```python
solucion = np.linalg.solve(coeficientes, resultados)


# Mostrar la solución

print("Solución del sistema de ecuaciones:")

print(f"x = {solucion[0]}, y = {solucion[1]}")
```

Ejercicio 8: Interpolación de Datos

Genera datos ficticios que representen puntos en una curva y utiliza NumPy para realizar la interpolación de estos datos, es decir, para estimar valores entre los puntos dados.

```python
import numpy as np

import matplotlib.pyplot as plt


# Datos ficticios (puntos en una curva)

x = np.linspace(0, 10, 10)

y = np.sin(x)


# Puntos de interpolación

x_interp = np.linspace(0, 10, 100)


# Interpolación utilizando NumPy

y_interp = np.interp(x_interp, x, y)
```

```python
# Graficar datos y la interpolación
plt.figure(figsize=(8, 6))
plt.plot(x, y, 'o', label='Datos')
plt.plot(x_interp, y_interp, label='Interpolación')
plt.xlabel('X')
plt.ylabel('Y')
plt.title('Interpolación de Datos Ficticios')
plt.legend()
plt.grid(True)
plt.show()
```

Ejercicio 9: Cálculo de Derivadas

Utiliza NumPy para calcular numéricamente la derivada de una función en un punto dado utilizando diferencias finitas.

```python
import numpy as np

import matplotlib.pyplot as plt


# Función ficticia

def funcion(x):

  return x**2 + 2*x + 1


# Punto en el que se calculará la derivada

punto = 5

h = 0.0001


# Cálculo numérico de la derivada utilizando
diferencias finitas

derivada = (funcion(punto + h) - funcion(punto)) / h
```

```python
# Mostrar el valor aproximado de la derivada

print(f"Aproximación de la derivada en x = {punto}:
{derivada}")


# Visualizar la función y la tangente en el punto
dado

x = np.linspace(0, 10, 100)

y = funcion(x)


tangente = derivada * (x - punto) + funcion(punto)


plt.figure(figsize=(8, 6))

plt.plot(x, y, label='Función')

plt.plot(x, tangente, label='Tangente en x=5')

plt.scatter(punto, funcion(punto), color='red',
label='Punto (5, 36)')

plt.xlabel('X')

plt.ylabel('Y')

plt.title('Cálculo Numérico de la Derivada')
```

```python
plt.legend()

plt.grid(True)

plt.show()
```

Estos ejercicios aplican distintas técnicas de análisis numérico utilizando NumPy sobre datos ficticios, desde resolver sistemas de ecuaciones hasta calcular derivadas numéricamente. Puedes modificar los datos y los parámetros de las funciones según sea necesario para explorar más aspectos del análisis numérico con NumPy.

Ejercicio 10: Normalización de Datos

Genera datos ficticios que representen características de
diferentes productos y utiliza NumPy para normalizar estos datos.

```python
import numpy as np

# Datos ficticios (características de productos)
datos_productos = np.array([
  [100, 50, 200], # Producto 1
  [80, 45, 220], # Producto 2
  [120, 60, 180] # Producto 3
])

# Normalización min-max
min_vals = np.min(datos_productos, axis=0)
max_vals = np.max(datos_productos, axis=0)
datos_normalizados = (datos_productos - min_vals) /
(max_vals - min_vals)

# Mostrar datos normalizados
print("Datos normalizados:")
print(datos_normalizados)
```

Ejercicio 11: Manejo de Valores Faltantes

Crea un conjunto de datos simulados que representen calificaciones de estudiantes donde algunos datos son faltantes. Utiliza NumPy para identificar y manejar los valores faltantes reemplazándolos con la media de cada columna.

```python
import numpy as np

# Datos ficticios de calificaciones con valores
faltantes
calificaciones = np.array([
  [85, 90, 92],
  [78, np.nan, 90],
  [90, 92, 88],
  [82, 80, np.nan],
  [88, 85, 90]
])


# Identificar valores faltantes y reemplazarlos con
la media de cada columna
column_means = np.nanmean(calificaciones, axis=0)
calificaciones_sin_nans =
np.where(np.isnan(calificaciones), column_means,
calificaciones)

# Mostrar datos después de manejar valores faltantes
print("Datos después de manejar valores faltantes:")
print(calificaciones_sin_nans)
```

Ejercicio 12: Codificación One-Hot

Crea un conjunto de datos ficticios que representen diferentes
categorías de productos y utiliza NumPy para realizar la
codificación one-hot.

```python
import numpy as np

# Datos ficticios de categorías de productos
categorias = np.array(['A', 'B', 'C', 'A', 'C', 'B',
'C'])

# Codificación one-hot
categorias_unicas = np.unique(categorias)
one_hot = np.zeros((len(categorias),
len(categorias_unicas)))
for i, categoria in enumerate(categorias):
 one_hot[i, np.where(categorias_unicas ==
categoria)[0]] = 1

# Mostrar codificación one-hot
print("Codificación One-Hot:")
print(one_hot)
```

Estos ejercicios ilustran diferentes técnicas de preprocesamiento
de datos utilizando NumPy, desde normalización hasta manejo de
valores faltantes y codificación one-hot. Puedes ajustar los datos
y las técnicas según sea necesario para explorar más
funcionalidades de preprocesamiento de datos con NumPy.

Ejercicio 13: Operaciones con NumPy y pandas

Crea un DataFrame en pandas con datos aleatorios y utiliza
NumPy para realizar operaciones matemáticas en una de las
columnas del DataFrame.

```python
import numpy as np
import pandas as pd

# Crear un DataFrame en pandas
datos = {'A': np.random.randint(1, 100, 10),
 'B': np.random.randint(1, 100, 10),
 'C': np.random.randint(1, 100, 10)}
df = pd.DataFrame(datos)

# Realizar operación con NumPy en una columna de
pandas
df['A'] = np.sqrt(df['A'])

# Mostrar el DataFrame modificado
print("DataFrame modificado:")
print(df)
```

Ejercicio 14: Generación de Datos con NumPy y pandas

Crea un DataFrame en pandas a partir de datos generados con NumPy y realiza operaciones de resumen utilizando funciones de NumPy en el DataFrame.

```python
import numpy as np
import pandas as pd

# Generar datos con NumPy
datos = np.random.randn(10, 4)

# Crear DataFrame en pandas
df = pd.DataFrame(datos, columns=['A', 'B', 'C',
'D'])

# Realizar operaciones de resumen utilizando
funciones de NumPy en el DataFrame
media_por_columna = np.mean(df, axis=0)
desviacion_estandar_por_columna = np.std(df, axis=0)

# Mostrar resultados de las operaciones de resumen
print("Media por columna:")
print(media_por_columna)
print("\nDesviación estándar por columna:")
print(desviacion_estandar_por_columna)
```

Estos ejercicios ilustran cómo NumPy y pandas pueden combinarse para realizar operaciones matemáticas, manipulaciones de datos y operaciones de resumen en conjuntos de datos de pandas utilizando las capacidades de NumPy.

Ejercicio 15: Gráfico de Línea con NumPy y Matplotlib

Genera datos de una función matemática utilizando NumPy y crea un gráfico de línea con Matplotlib para visualizar la función.

```python
import numpy as np
import matplotlib.pyplot as plt

# Generar datos de una función matemática
x = np.linspace(0, 10, 100)
y = np.sin(x)

# Graficar la función utilizando Matplotlib
plt.figure(figsize=(8, 6))
plt.plot(x, y)
plt.xlabel('X')
plt.ylabel('Y')
plt.title('Gráfico de la función seno')
plt.grid(True)
plt.show()
```

Ejercicio 16: Gráfico de Dispersión con NumPy y Matplotlib

Genera datos aleatorios con NumPy y crea un gráfico de dispersión con Matplotlib para visualizar la relación entre dos conjuntos de datos.

```python
import numpy as np
import matplotlib.pyplot as plt

# Generar datos aleatorios
x = np.random.rand(100)
y = np.random.rand(100)

# Graficar un gráfico de dispersión utilizando
Matplotlib
plt.figure(figsize=(8, 6))
plt.scatter(x, y, color='red', alpha=0.5)
plt.xlabel('X')
plt.ylabel('Y')
plt.title('Gráfico de dispersión')
plt.grid(True)
plt.show()
```

Estos ejercicios muestran cómo NumPy se puede utilizar para generar datos y Matplotlib para visualizarlos en diferentes tipos de gráficos, como gráficos de línea y gráficos de dispersión. Puedes ajustar los datos y las opciones de visualización según sea necesario para explorar más las capacidades de visualización de NumPy y Matplotlib.

Ejercicio 17: Optimización con SciPy

Utiliza la función de optimización de SciPy para encontrar el
mínimo de una función.

```python
import numpy as np
from scipy.optimize import minimize

# Definir la función a minimizar
def funcion(x):
  return x**2 + 10*np.sin(x)

# Minimizar la función utilizando SciPy
x0 = np.array([1.0]) # Punto inicial
resultado = minimize(funcion, x0)

# Mostrar el valor mínimo encontrado
print("Valor mínimo:", resultado.x)
```

Ejercicio 18: Álgebra Lineal con SciPy

Utiliza SciPy para resolver un sistema de ecuaciones lineales.

```python
import numpy as np
from scipy.linalg import solve

# Coeficientes del sistema de ecuaciones
coeficientes = np.array([[2, 3], [1, -1]])
resultados = np.array([10, -1])

# Resolver el sistema de ecuaciones lineales con
SciPy
solucion = solve(coeficientes, resultados)

# Mostrar la solución del sistema de ecuaciones
print("Solución del sistema de ecuaciones:")
print("x =", solucion[0], ", y =", solucion[1])
```

Ejercicio 19: Estadísticas con SciPy

Utiliza las funciones estadísticas de SciPy para calcular medidas descriptivas.

```python
import numpy as np
from scipy import stats

# Datos ficticios
datos = np.array([1, 2, 3, 4, 5, 6, 7, 8, 9])

# Calcular medidas descriptivas con SciPy
media = np.mean(datos)
mediana = np.median(datos)
desviacion_estandar = np.std(datos)
percentil_75 = np.percentile(datos, 75)

# Mostrar medidas descriptivas calculadas
print("Media:", media)
print("Mediana:", mediana)
print("Desviación Estándar:", desviacion_estandar)
print("Percentil 75:", percentil_75)
```

Estos ejercicios ilustran diferentes usos de SciPy en diversas áreas, como optimización, álgebra lineal y estadísticas. Puedes ajustar los datos y las funciones según sea necesario para explorar más las capacidades de SciPy en cálculos científicos y matemáticos.

Ejercicio 20: Análisis de Datos con NumPy y pandas

Crea un DataFrame en pandas con datos ficticios y realiza operaciones estadísticas utilizando NumPy.

```python
import numpy as np
import pandas as pd

# Crear un DataFrame en pandas con datos aleatorios
data = {
  'A': np.random.randint(1, 100, 10),
  'B': np.random.rand(10),
  'C': np.random.choice(['X', 'Y', 'Z'], 10)
}
df = pd.DataFrame(data)

# Realizar operaciones estadísticas con NumPy en el
DataFrame
media_columna_A = np.mean(df['A'])
desviacion_columna_B = np.std(df['B'])

# Mostrar resultados
print("Media de la columna 'A':", media_columna_A)
print("Desviación estándar de la columna 'B':",
desviacion_columna_B)
```

Ejercicio 21: Visualización de Datos con NumPy y Matplotlib

Genera datos de una función trigonométrica utilizando NumPy y crea un gráfico de línea con Matplotlib.

```python
import numpy as np
import matplotlib.pyplot as plt

# Generar datos para una función trigonométrica
x = np.linspace(0, 2*np.pi, 100)
y = np.sin(x)

# Graficar la función trigonométrica utilizando
Matplotlib
plt.figure(figsize=(8, 6))
plt.plot(x, y)
plt.xlabel('X')
plt.ylabel('Y')
plt.title('Gráfico de la función seno')
plt.grid(True)
plt.show()
```

Ejercicio 22: Álgebra Lineal con NumPy y SciPy

Resuelve un sistema de ecuaciones lineales utilizando SciPy,
generando los datos con NumPy.

```python
import numpy as np
from scipy.linalg import solve

# Generar coeficientes y resultados para un sistema
de ecuaciones lineales
coeficientes = np.array([[2, 3], [1, -1]])
resultados = np.array([10, -1])

# Resolver el sistema de ecuaciones lineales
utilizando SciPy
solucion = solve(coeficientes, resultados)

# Mostrar la solución del sistema de ecuaciones
print("Solución del sistema de ecuaciones
lineales:")
print("x =", solucion[0], ", y =", solucion[1])
```

Ejercicio 23: Preprocesamiento de Datos con NumPy y pandas

Lee un archivo CSV con pandas y realiza operaciones de preprocesamiento utilizando NumPy.

```python
import numpy as np
import pandas as pd

# Leer un archivo CSV con pandas
dataframe = pd.read_csv('datos.csv')

# Preprocesamiento de datos utilizando NumPy (por
ejemplo, manejo de valores faltantes)
datos = dataframe.values
datos_sin_nans = np.nan_to_num(datos)

# Mostrar los datos preprocesados
print("Datos preprocesados:")
print(datos_sin_nans)
```

Ejercicio 24: Estadísticas con NumPy y pandas

Calcula medidas descriptivas sobre un conjunto de datos utilizando NumPy y pandas.

```python
import numpy as np
import pandas as pd

# Crear un DataFrame en pandas con datos aleatorios
data = {
  'A': np.random.randint(1, 100, 20),
  'B': np.random.rand(20),
  'C': np.random.choice(['X', 'Y', 'Z'], 20)
}
df = pd.DataFrame(data)

# Calcular medidas descriptivas con NumPy y pandas
media_por_columna = df.mean()
maximo_por_columna = df.max()
minimo_por_columna = df.min()

# Mostrar medidas descriptivas calculadas
print("Media por columna:")
print(media_por_columna)
print("\nValor máximo por columna:")
print(maximo_por_columna)
print("\nValor mínimo por columna:")
print(minimo_por_columna)
```

Estos ejercicios abarcan una variedad de tareas utilizando NumPy, como análisis de datos, visualización, álgebra lineal y preprocesamiento de datos, y demuestran cómo NumPy se integra con otras librerías como pandas, Matplotlib y SciPy para realizar tareas más complejas y avanzadas.

Ejercicio 25: Generación de Matrices Específicas

Crea una matriz diagonal con valores específicos en la diagonal utilizando NumPy.

```python
import numpy as np

# Crear una matriz diagonal con valores específicos
en la diagonal
diagonal_values = [1, 2, 3, 4, 5]
matriz_diagonal = np.diag(diagonal_values)

print("Matriz diagonal:")
print(matriz_diagonal)
```

Ejercicio 26: Operaciones Avanzadas de Álgebra Lineal

Realiza descomposición SVD (Singular Value Decomposition) sobre una matriz aleatoria.

```python
import numpy as np

# Generar una matriz aleatoria
matriz_aleatoria = np.random.random((5, 3))

# Realizar descomposición SVD sobre la matriz
U, S, VT = np.linalg.svd(matriz_aleatoria)

print("Matriz U:")
print(U)
print("\nMatriz de valores singulares:")
print(S)
print("\nMatriz VT:")
print(VT)
```

Ejercicio 27: Creación de Datos con Patrones Específicos

Crea un array con un patrón de valores que se repiten utilizando NumPy.

```python
import numpy as np

# Crear un array con un patrón específico
patron = np.array([1, 2, 3])
array_patron = np.tile(patron, 5)

print("Array con patrón repetido:")
print(array_patron)
```

Ejercicio 28: Operaciones de Manipulación de Datos

Concatena dos matrices a lo largo de diferentes ejes utilizando NumPy.

```python
import numpy as np

# Crear matrices aleatorias
matriz_1 = np.random.rand(3, 3)
matriz_2 = np.random.rand(3, 3)

# Concatenar matrices a lo largo de diferentes ejes
concatenacion_horizontal = np.concatenate((matriz_1,
matriz_2), axis=1)
concatenacion_vertical = np.concatenate((matriz_1,
matriz_2), axis=0)

print("Concatenación horizontal:")
print(concatenacion_horizontal)
print("\nConcatenación vertical:")
print(concatenacion_vertical)
```

Ejercicio 29: Manipulación de Datos Avanzada

Utiliza máscaras booleanas para manipular y modificar valores
dentro de una matriz.

```python
import numpy as np
```

```python
# Crear una matriz aleatoria
matriz_aleatoria = np.random.random((4, 4))

# Crear una máscara booleana para valores mayores a
0.5
mascara = matriz_aleatoria > 0.5


# Modificar valores de la matriz basados en la
máscara
matriz_aleatoria[mascara] = 0

print("Matriz modificada:")
print(matriz_aleatoria)
```

Ejercicio 30: Generación de Datos Aleatorios Avanzados

Genera un array con valores distribuidos según una distribución específica utilizando NumPy.

```python
import numpy as np

# Generar un array con valores distribuidos según
una distribución específica
array_normal = np.random.normal(0, 1, 1000) #
Distribución normal (media=0, desviación=1)

print("Array distribuido según una distribución
normal:")
print(array_normal[:10]) # Mostrar los primeros 10
valores
```

Ejercicio 31: Manipulación de Datos con Estructuras Avanzadas

Utiliza dtype estructurado de NumPy para manejar datos con múltiples tipos de datos.

```python
import numpy as np


# Crear un dtype estructurado para manejar datos con
múltiples tipos
dt = np.dtype([('nombre', np.unicode_, 16), ('edad',
np.int32), ('altura', np.float64)])

# Crear un array con datos estructurados
datos = np.array([('Juan', 30, 1.75), ('María', 25,
1.60)], dtype=dt)

print("Datos estructurados:")
print(datos)
```

Ejercicio 32: Operaciones de Álgebra Lineal Avanzadas

Calcula la inversa de una matriz utilizando NumPy.

```python
import numpy as np

# Crear una matriz aleatoria
matriz_aleatoria = np.random.rand(3, 3)

# Calcular la inversa de la matriz
matriz_inversa = np.linalg.inv(matriz_aleatoria)

print("Matriz aleatoria:")
print(matriz_aleatoria)
print("\nMatriz inversa:")
print(matriz_inversa)
```

Ejercicio 33: Manipulación de Datos con Funciones Avanzadas

Utiliza la función `np.vectorize` para aplicar una función a un array NumPy.

```python
import numpy as np

# Definir una función que opera sobre un solo valor
def funcion(x):
 return x * 2 + 5

# Convertir la función en una función vectorizada
funcion_vectorizada = np.vectorize(funcion)

# Crear un array y aplicar la función vectorizada
array_original = np.array([1, 2, 3, 4])
array_resultado =
funcion_vectorizada(array_original)

print("Array original:")
print(array_original)
print("\nArray resultado después de aplicar la
función:")
print(array_resultado)
```

Ejercicio 34: Operaciones Avanzadas de Álgebra Lineal

Calcula los valores y vectores propios de una matriz utilizando NumPy.

```python
import numpy as np

# Crear una matriz aleatoria
matriz_aleatoria = np.random.rand(3, 3)

# Calcular valores y vectores propios de la matriz
valores_propios, vectores_propios =
np.linalg.eig(matriz_aleatoria)

print("Valores propios:")
print(valores_propios)
print("\nVectores propios:")
print(vectores_propios)
```

Estos ejercicios abordan conceptos y funcionalidades más avanzadas de NumPy, desde la manipulación de datos y operaciones algebraicas hasta la generación de datos y la aplicación de funciones vectorizadas. Puedes ajustar los parámetros y valores de entrada para experimentar más con las capacidades avanzadas de NumPy.

Ejercicio 35: Clasificación con scikit-learn

Entrena un modelo de clasificación simple utilizando el conjunto
de datos Iris y el algoritmo de clasificación de vecinos más
cercanos (KNN).

```python
from sklearn.datasets import load_iris
from sklearn.model_selection import train_test_split
from sklearn.neighbors import KNeighborsClassifier
from sklearn.metrics import accuracy_score

# Cargar el conjunto de datos Iris
iris = load_iris()
X, y = iris.data, iris.target

# Dividir los datos en conjunto de entrenamiento y
prueba
X_train, X_test, y_train, y_test =
train_test_split(X, y, test_size=0.2,
random_state=42)

# Inicializar y entrenar el modelo KNN
modelo_knn = KNeighborsClassifier(n_neighbors=3)
modelo_knn.fit(X_train, y_train)

# Realizar predicciones en el conjunto de prueba
predicciones = modelo_knn.predict(X_test)

# Calcular la precisión del modelo
precision = accuracy_score(y_test, predicciones)
print("Precisión del modelo KNN:", precision)
```

Ejercicio 36: Regresión con scikit-learn

Realiza una regresión lineal simple utilizando el conjunto de datos de precios de vivienda de Boston.

```python
from sklearn.datasets import load_boston
from sklearn.linear_model import LinearRegression
from sklearn.metrics import mean_squared_error,
r2_score

# Cargar el conjunto de datos de precios de vivienda
de Boston
boston = load_boston()
X, y = boston.data, boston.target

# Dividir los datos en conjunto de entrenamiento y
prueba
X_train, X_test, y_train, y_test =
train_test_split(X, y, test_size=0.2,
random_state=42)

# Inicializar y entrenar el modelo de regresión
lineal
modelo_regresion = LinearRegression()
modelo_regresion.fit(X_train, y_train)

# Realizar predicciones en el conjunto de prueba
predicciones = modelo_regresion.predict(X_test)
```

```python
# Calcular métricas de rendimiento del modelo
mse = mean_squared_error(y_test, predicciones)
r2 = r2_score(y_test, predicciones)
print("Error cuadrático medio (MSE):", mse)
print("Coeficiente de determinación (R^2):", r2)
```

Estos ejercicios muestran cómo utilizar scikit-learn para realizar tareas básicas de aprendizaje automático, como clasificación y regresión. Puedes explorar más funciones y algoritmos proporcionados por scikit-learn y ajustar los parámetros según sea necesario para experimentar con diferentes técnicas de aprendizaje automático.

Ejercicio 37: Red Neuronal con TensorFlow

Crea y entrena una red neuronal simple utilizando TensorFlow para clasificar imágenes del conjunto de datos MNIST.

```python
import tensorflow as tf
from tensorflow.keras.datasets import mnist

# Cargar el conjunto de datos MNIST y preprocesarlo
(x_train, y_train), (x_test, y_test) =
mnist.load_data()
x_train, x_test = x_train / 255.0, x_test / 255.0

# Crear el modelo de red neuronal en TensorFlow
model = tf.keras.models.Sequential([
  tf.keras.layers.Flatten(input_shape=(28, 28)),
  tf.keras.layers.Dense(128, activation='relu'),
  tf.keras.layers.Dropout(0.2),
  tf.keras.layers.Dense(10)
])

# Compilar el modelo
model.compile(optimizer='adam',

loss=tf.keras.losses.SparseCategoricalCrossentropy(f
rom_logits=True),
 metrics=['accuracy'])

# Entrenar el modelo
model.fit(x_train, y_train, epochs=5,
validation_data=(x_test, y_test))
```

```python
# Evaluar el modelo en el conjunto de prueba
loss, accuracy = model.evaluate(x_test, y_test,
verbose=2)
print("Precisión en el conjunto de prueba:",
accuracy)
```

Ejercicio 38: Red Neuronal con PyTorch

Crea y entrena una red neuronal simple utilizando PyTorch para clasificar imágenes del conjunto de datos FashionMNIST.

```python
import torch
import torchvision
import torch.nn as nn
import torch.optim as optim
import torchvision.transforms as transforms

# Cargar el conjunto de datos FashionMNIST y
preprocesarlo
transform =
transforms.Compose([transforms.ToTensor(),
transforms.Normalize((0.5,), (0.5,))])
trainset =
torchvision.datasets.FashionMNIST(root='./data',
train=True, download=True, transform=transform)
trainloader = torch.utils.data.DataLoader(trainset,
batch_size=64, shuffle=True)

# Definir el modelo de red neuronal en PyTorch
model = nn.Sequential(
 nn.Flatten(),
 nn.Linear(28 * 28, 128),
 nn.ReLU(),
 nn.Dropout(0.2),
 nn.Linear(128, 10)
)

# Definir la función de pérdida y el optimizador
criterion = nn.CrossEntropyLoss()
```

```python
optimizer = optim.Adam(model.parameters(), lr=0.001)

# Entrenar el modelo
for epoch in range(5):
 running_loss = 0.0
 for i, data in enumerate(trainloader, 0):
 inputs, labels = data
 optimizer.zero_grad()
 outputs = model(inputs)
 loss = criterion(outputs, labels)
 loss.backward()
 optimizer.step()
 running_loss += loss.item()
 print(f"Época {epoch+1}, pérdida: {running_loss /
len(trainloader)}")

# Evaluar el modelo en el conjunto de prueba
testset =
torchvision.datasets.FashionMNIST(root='./data',
train=False, download=True, transform=transform)
testloader = torch.utils.data.DataLoader(testset,
batch_size=64, shuffle=False)

correct = 0
total = 0
with torch.no_grad():
 for data in testloader:
 images, labels = data
 outputs = model(images)
 _, predicted = torch.max(outputs.data, 1)
 total += labels.size(0)
 correct += (predicted == labels).sum().item()

print("Precisión en el conjunto de prueba:", correct
/ total)
```

Estos ejercicios ilustran cómo construir y entrenar modelos simples de redes neuronales utilizando TensorFlow y PyTorch para tareas de clasificación de imágenes. Puedes ajustar la arquitectura de la red, los hiperparámetros y las funciones de pérdida para experimentar con diferentes configuraciones y técnicas de aprendizaje profundo.

Ejercicio 39: Cargar y Mostrar una Imagen con OpenCV

Este ejercicio carga una imagen desde el sistema de archivos y la muestra en una ventana utilizando OpenCV.

```python
import cv2

# Cargar la imagen desde el sistema de archivos
imagen = cv2.imread('ruta_de_la_imagen/imagen.jpg')

# Mostrar la imagen en una ventana
cv2.imshow('Imagen', imagen)
cv2.waitKey(0)
cv2.destroyAllWindows()
```

Ejercicio 40: Detección de Bordes en una Imagen con OpenCV

Este ejercicio utiliza el algoritmo Canny de OpenCV para detectar los bordes en una imagen.

```python
import cv2

# Cargar la imagen desde el sistema de archivos en
escala de grises
imagen = cv2.imread('ruta_de_la_imagen/imagen.jpg',
0)

# Aplicar el algoritmo Canny para detectar bordes
bordes = cv2.Canny(imagen, 100, 200) # Ajustar los
umbrales según sea necesario

# Mostrar la imagen original y la detección de
bordes en ventanas separadas
cv2.imshow('Imagen Original', imagen)
cv2.imshow('Detección de Bordes', bordes)
cv2.waitKey(0)
cv2.destroyAllWindows()
```

Estos ejercicios muestran cómo cargar imágenes, mostrarlas en una ventana y realizar operaciones simples de procesamiento de imágenes, como la detección de bordes, utilizando OpenCV en Python. Puedes explorar más funciones y capacidades de OpenCV para realizar una amplia variedad de operaciones de procesamiento de imágenes y visión por computadora.

Ejercicio 41: Cálculo de Derivadas

Calcula la derivada de una función simbólica utilizando SymPy.

```python
import sympy as sp

# Definir el símbolo y la función
x = sp.symbols('x')
funcion = x**3 + 2*x**2 + 3*x + 1

# Calcular la derivada de la función
derivada = sp.diff(funcion, x)

print("Función original:", funcion)
print("Derivada:", derivada)
```

Ejercicio 42: Resolución de Ecuaciones Simbólicas

Resuelve una ecuación simbólica utilizando SymPy.

```python
import sympy as sp

# Definir el símbolo y la ecuación
x = sp.symbols('x')
ecuacion = sp.Eq(x**2 - 4, 0)

# Resolver la ecuación
soluciones = sp.solve(ecuacion, x)

print("Ecuación:", ecuacion)
print("Soluciones:", soluciones)
```

Ejercicio 43: Álgebra Lineal Simbólica

Realiza operaciones de álgebra lineal simbólica utilizando SymPy.

```python
import sympy as sp

# Definir las matrices simbólicas
a, b, c, d = sp.symbols('a b c d')
A = sp.Matrix([[a, b], [c, d]])
B = sp.Matrix([[1, 2], [3, 4]])

# Calcular la multiplicación de matrices simbólicas
resultado = A * B

print("Matriz A:")
print(A)
print("\nMatriz B:")
print(B)
print("\nResultado de la multiplicación de
matrices:")
print(resultado)
```

Estos ejercicios muestran algunas de las capacidades de SymPy
para realizar cálculos simbólicos, resolver ecuaciones, derivar
funciones y realizar operaciones de álgebra lineal simbólica.
SymPy es útil para manipular expresiones matemáticas de manera
simbólica en lugar de numérica, lo que permite realizar cálculos
precisos en diversas áreas de las matemáticas.

Ejercicio 44: Procesamiento de Datos con Dask Arrays

Realiza operaciones con arreglos Dask para el procesamiento de datos distribuido.

```python
import dask.array as da

# Crear un arreglo Dask distribuido
arr = da.random.random((10000, 10000), chunks=(1000,
1000))

# Calcular la suma de todos los elementos del
arreglo
suma_total = arr.sum()

print("Suma total de todos los elementos del
arreglo:", suma_total.compute())
```

Ejercicio 45: Procesamiento de Datos con Dask DataFrames

Realiza operaciones con DataFrames Dask para procesamiento de datos distribuido.

```python
import dask.dataframe as dd

# Crear un DataFrame Dask distribuido a partir de un
archivo CSV
df = dd.read_csv('datos.csv')

# Realizar un filtrado y calcular la media de una
columna
filtrado = df[df['columna'] > 50]
media = filtrado['otra_columna'].mean()

print("Media después del filtrado:",
media.compute())
```

Ejercicio 46: Computación Distribuida con Dask

Realiza cálculos distribuidos utilizando Dask en un clúster local.

```python
from dask.distributed import Client
import dask.array as da

# Inicializar un clúster local de Dask
client = Client()

# Crear un arreglo Dask distribuido
arr = da.ones((10000, 10000), chunks=(1000, 1000))

# Realizar operaciones en paralelo
resultado = arr * 2

print("Resultado del cálculo paralelo:",
resultado.compute())
```

Estos ejercicios demuestran cómo usar Dask para procesar datos
de manera distribuida y realizar operaciones en paralelo. Dask es
útil para trabajar con conjuntos de datos grandes que no caben en
la memoria RAM de una sola máquina, permitiendo la
escalabilidad y el procesamiento eficiente en sistemas
distribuidos.

Ejercicio con Matplotlib y NumPy.

Ejercicio 47:Graficar una Función Senoidal

Utiliza NumPy para generar datos de una función senoidal y Matplotlib para graficarla.

```python
import numpy as np
import matplotlib.pyplot as plt

# Generar datos para una función senoidal
x = np.linspace(0, 2*np.pi, 100)
y = np.sin(x)

# Graficar la función senoidal utilizando Matplotlib
plt.plot(x, y)
plt.xlabel('X')
plt.ylabel('Y')
plt.title('Gráfico de la función seno')
plt.show()
```

Ejercicio con Pandas y NumPy.

Ejercicio 48:Manipulación de Datos Tabulares

Usa NumPy para realizar cálculos en un DataFrame de Pandas.

```python
import pandas as pd
import numpy as np

# Crear un DataFrame de Pandas
data = {'A': np.random.randint(1, 100, 10),
 'B': np.random.rand(10)}
df = pd.DataFrame(data)

# Agregar una nueva columna con cálculos de NumPy
df['C'] = np.sqrt(df['A']) + np.log(df['B'])

print(df)
```

Ejercicio con SciPy y NumPy.

Ejercicio 49: Ajuste de Curvas

Utiliza SciPy junto con NumPy para ajustar una curva a datos ruidosos.

```python
import numpy as np
from scipy.optimize import curve_fit
import matplotlib.pyplot as plt

# Datos con ruido
x = np.linspace(0, 10, 100)
y = np.sin(x) + np.random.normal(0, 0.1, 100)

# Función para el ajuste
def func(x, a, b):
  return a * np.sin(b * x)

# Realizar el ajuste de curva con curve_fit de SciPy
popt, pcov = curve_fit(func, x, y)

# Graficar los datos y la curva ajustada
plt.scatter(x, y, label='Datos con ruido')
plt.plot(x, func(x, *popt), 'r-', label='Curva
ajustada')
plt.legend()
plt.show()
```

Ejercicio con TensorFlow y NumPy.

Ejercicio 50: Creación de un Modelo de Regresión

Lineal Simple.

Utiliza NumPy para generar datos y TensorFlow para crear un modelo de regresión lineal.

```python
import numpy as np
import tensorflow as tf
import matplotlib.pyplot as plt

# Generar datos aleatorios
X = np.random.rand(100).astype(np.float32)
Y = X * 0.1 + 0.3 + np.random.normal(0.0, 0.03, 100)

# Definir el modelo de regresión lineal en
TensorFlow
W = tf.Variable(np.random.randn())
b = tf.Variable(np.random.randn())

def linear_regression(x):
  return W * x + b

# Definir la función de pérdida y el optimizador
def loss_fn(y_true, y_pred):
  return tf.reduce_mean(tf.square(y_true - y_pred))

optimizer = tf.optimizers.Adam(learning_rate=0.01)


# Entrenar el modelo
epochs = 1000
```

```python
for epoch in range(epochs):

 with tf.GradientTape() as tape:
 predictions = linear_regression(X)
 loss = loss_fn(Y, predictions)
 gradients = tape.gradient(loss, [W, b])
 optimizer.apply_gradients(zip(gradients, [W, b]))

# Visualizar los datos y la regresión lineal
plt.scatter(X, Y)
plt.plot(X, linear_regression(X), 'r')
plt.show()
```

Ejercicio con SymPy y NumPy.

Ejercicio 51:Integrales Simbólicas

Utiliza SymPy junto con NumPy para calcular una integral simbólica y numérica.

```python
import numpy as np
import sympy as sp

# Calcular la integral simbólica
x = sp.symbols('x')
integral_simbolica = sp.integrate(x**2, x)

# Calcular la integral numérica con NumPy
integral_numerica = np.trapz(x**2, x=np.linspace(0,
1, 100))

print("Integral simbólica:", integral_simbolica)
print("Integral numérica:", integral_numerica)
```

Ejercicio con OpenCV y NumPy.

Ejercicio 52: Dibujar y Mostrar una Imagen con OpenCV

Usa NumPy para crear una imagen y OpenCV para mostrarla.

```python
import cv2
import numpy as np

# Crear una imagen con NumPy
imagen = np.zeros((300, 300, 3), dtype=np.uint8)
imagen[:] = (255, 0, 0) # Color azul

# Mostrar la imagen con OpenCV
cv2.imshow('Imagen', imagen)
cv2.waitKey(0)
cv2.destroyAllWindows()
```

Ejercicio con Scikit-Learn y NumPy.

Ejercicio 53: Clasificación con KNN

Utiliza NumPy para generar datos y Scikit-Learn para realizar clasificación con KNN.

```python
import numpy as np
from sklearn.datasets import make_classification
from sklearn.model_selection import train_test_split
from sklearn.neighbors import KNeighborsClassifier
from sklearn.metrics import accuracy_score

# Generar datos aleatorios
X, y = make_classification(n_samples=1000,
n_features=10, n_classes=2, random_state=42)

# Dividir los datos en conjunto de entrenamiento y
prueba
X_train, X_test, y_train, y_test =
train_test_split(X, y, test_size=0.2,
random_state=42)

# Inicializar y entrenar el modelo KNN
modelo_knn = KNeighborsClassifier(n_neighbors=5)
modelo_knn.fit(X_train, y_train)


# Realizar predicciones en el conjunto de prueba
predicciones = modelo_knn.predict(X_test)


# Calcular la precisión del modelo
```

```
precision = accuracy_score(y_test, predicciones)
print("Precisión del modelo KNN:", precision)
```

Ejercicio con Pandas y NumPy.

Ejercicio 54: Manipulación de Datos Tabulares

Utiliza NumPy para realizar cálculos en un DataFrame de Pandas.

```python
import pandas as pd
import numpy as np

# Crear un DataFrame de Pandas
data = {'A': np.random.randint(1, 100, 10),
 'B': np.random.rand(10)}
df = pd.DataFrame(data)

# Agregar una nueva columna con cálculos de NumPy
df['C'] = np.sqrt(df['A']) + np.log(df['B'])

print(df)
```

Ejercicio con TensorFlow y NumPy.

Ejercicio 55: Creación de una Red Neuronal Simple

Utiliza NumPy para generar datos y TensorFlow para crear una red neuronal simple.

```python
import numpy as np
import tensorflow as tf

# Generar datos aleatorios
X = np.random.rand(100, 1)
y = 2 * X + 1 + np.random.randn(100, 1) * 0.1

# Definir el modelo de red neuronal en TensorFlow
model = tf.keras.Sequential([
 tf.keras.layers.Dense(1, input_shape=(1,))
])

# Compilar el modelo
model.compile(optimizer='sgd', loss='mse')

# Entrenar el modelo
model.fit(X, y, epochs=100)


# Imprimir los pesos del modelo
print("Pesos del modelo:",
model.layers[0].get_weights())
```

Ejercicio con SciPy y NumPy.

Ejercicio 56:Optimización de Funciones

Utiliza SciPy junto con NumPy para optimizar una función.

```python
import numpy as np
from scipy.optimize import minimize

# Definir una función de coste
def funcion_coste(x):
  return x**4 - 3 * x**3 + 2

# Encontrar el mínimo de la función utilizando
minimize de SciPy
resultado = minimize(funcion_coste, x0=0)

print("Mínimo de la función:", resultado.x)
```

Estos ejercicios muestran cómo NumPy se integra con diversas
librerías en Python para realizar tareas en diferentes áreas, desde
manipulación de datos hasta aprendizaje automático,
visualización, procesamiento de imágenes y más. Experimenta
con ellos para profundizar en el uso de NumPy junto con otras
herramientas de Python.

Ejercicio 57: Análisis de Datos Meteorológicos

Utiliza NumPy para cargar datos meteorológicos desde un archivo
CSV y realiza análisis estadístico.

```python
import numpy as np

# Cargar datos meteorológicos desde un archivo CSV
datos = np.genfromtxt('datos_meteorologicos.csv',
delimiter=',')

# Calcular estadísticas básicas
promedio_temperatura = np.mean(datos[:, 0])
maxima_temperatura = np.max(datos[:, 0])
minima_temperatura = np.min(datos[:, 0])
desviacion_temperatura = np.std(datos[:, 0])

print("Promedio de temperatura:",
promedio_temperatura)
print("Máxima temperatura:", maxima_temperatura)
print("Mínima temperatura:", minima_temperatura)
print("Desviación estándar de temperatura:",
desviacion_temperatura)
```

Ejercicio 58: Procesamiento de Imágenes Médicas

Utiliza NumPy para cargar una imagen médica en formato DICOM y realiza operaciones de procesamiento de imágenes.

```python
import numpy as np
import pydicom
import matplotlib.pyplot as plt

# Cargar una imagen médica DICOM
imagen_dcm = pydicom.dcmread('imagen_medica.dcm')
imagen_array = imagen_dcm.pixel_array

# Aplicar una operación de suavizado utilizando
NumPy
kernel = np.ones((5, 5)) / 25
imagen_suavizada = np.convolve(imagen_array, kernel,
mode='same')

# Mostrar la imagen original y la suavizada
plt.subplot(1, 2, 1)
plt.imshow(imagen_array, cmap='gray')
plt.title('Imagen Original')

plt.subplot(1, 2, 2)
plt.imshow(imagen_suavizada, cmap='gray')
plt.title('Imagen Suavizada')

plt.show()
```

Ejercicio 59: Análisis de Datos Financieros

Carga datos financieros desde un archivo CSV utilizando NumPy y
realiza cálculos financieros.

```python
import numpy as np

# Cargar datos financieros desde un archivo CSV
datos_financieros =
np.genfromtxt('datos_financieros.csv',
delimiter=',')

# Calcular el rendimiento diario y anual
rendimiento_diario = np.diff(datos_financieros) /
datos_financieros[:-1]
rendimiento_anual = np.prod(rendimiento_diario + 1)
- 1

print("Rendimiento diario:", rendimiento_diario)
print("Rendimiento anual:", rendimiento_anual)
```

Ejercicio 60: Procesamiento de Datos de Sensores

Utiliza NumPy para cargar datos de sensores desde un archivo TXT y realiza análisis de series temporales.

```python
import numpy as np
import matplotlib.pyplot as plt

# Cargar datos de sensores desde un archivo TXT
datos_sensores = np.loadtxt('datos_sensores.txt')

# Graficar la serie temporal de los datos de
sensores
plt.plot(datos_sensores)
plt.xlabel('Tiempo')
plt.ylabel('Valores de los sensores')
plt.title('Datos de los sensores a lo largo del
tiempo')
plt.show()

# Calcular estadísticas sobre los datos de los
sensores
media = np.mean(datos_sensores)
mediana = np.median(datos_sensores)
desviacion = np.std(datos_sensores)

print("Media:", media)
print("Mediana:", mediana)
print("Desviación estándar:", desviacion)
```

Estos ejercicios demuestran cómo NumPy se puede utilizar para realizar análisis avanzados de datos provenientes de diversas fuentes, como datos meteorológicos, imágenes médicas, datos financieros y datos de sensores. Adapta los ejercicios según tus necesidades y el formato de los datos externos que tengas disponibles.